BEI GRIN MACHT SICH IHR
WISSEN BEZAHLT

Michaela Sankowsky

Zentrale Probleme der modernen europäischen Verfassungsgeschichte

GRIN Verlag

Bibliografische Information der Deutschen Nationalbibliothek:

Die Deutsche Bibliothek verzeichnet diese Publikation in der Deutschen National-
bibliografie; detaillierte bibliografische Daten sind im Internet über http://dnb.d-
nb.de/ abrufbar.

Impressum:

Copyright © 2011 GRIN Verlag GmbH
Druck und Bindung: Books on Demand GmbH, Norderstedt Germany
ISBN: 978-3-656-72735-4

Dieses Buch bei GRIN:

http://www.grin.com/de/e-book/279187/zentrale-probleme-der-modernen-euro-
paeischen-verfassungsgeschichte

GRIN - Your knowledge has value

Der GRIN Verlag publiziert seit 1998 wissenschaftliche Arbeiten von Studenten, Hochschullehrern und anderen Akademikern als eBook und gedrucktes Buch. Die Verlagswebsite www.grin.com ist die ideale Plattform zur Veröffentlichung von Hausarbeiten, Abschlussarbeiten, wissenschaftlichen Aufsätzen, Dissertationen und Fachbüchern.

Besuchen Sie uns im Internet:

http://www.grin.com/

http://www.facebook.com/grincom

http://www.twitter.com/grin_com

Zentrale Probleme der modernen europäischen Verfassungsgeschichte

Kurseinheit 1: Souveränität - Legitimität - Verfassungswandel
- Ausgangspunkt der Europ. Aufklärung war intellektueller Reifungsprozess des Menschen

1. Vom "Aufgeklärten Absolutismus" zur Konstitutionellen Monarchie? Zur Transformationsfähigkeit des Abs. im ausgehenden 18. Jhd.
- im Mittelpunkt steht Systemwechsel vom Absolutismus (Aufgeklärtem Abs.) zum Konstitutionalismus (Konst. Monarchie)

Def. Absolutismus
- Regierungsform, bei der alle Staatsmacht in Person des Monarchen vereinigt u. von ihm abgeleitet wird
- alle staatl. Funktionen (Exe. Legis. Judis) von Monarchen selbst oder in seinem Auftrag ausgeführt
- Stände dürfen keine Souveränität haben
- Hochblüte des Abs. unter Louis XIV
-> krasser Gegensatz dazu: Die Aufklärung

Österreich - Vergleich Verfassungsentwurf 1781 u. 1787
=> es gilt d. Primat d. Verfassung = Herrscher muss sich strikt an Verfassung halten!
- Beteiligung d. Generalversammlung an der Gesetzgebung
- Kontrollrechte des Repräsentationsorgans gegenüber Exekutive
- Mitwirkung des Volkes u. durch Petitionsrecht
-> Leopold 1787 beabsichtige zweifellos Übergang vom abs. zum konst. System auf Weg freiwilliger herrscherlicher Selbstbeschränkung (-> aber Verfassung nie umgesetzt)
- Joseph II. 1781 evt. Ausgangspunkt u. Keimzelle d. konst.-beamtenstaatlichen Entwicklung. Hauptziel war Aufbau einheitlicher u. zentralen Staatsadministration

2. Der Legitimationsbruch zw. Abs. u. konst. Monarchie: Frankreich 1789 u. d. Entwicklung in Europa im 19. Jhd.

großer Umbruch des Abs. in Franz. Revo.!
- Vorgeschichte:
- Einberufung Generalstände nach Staatsbankrott mit hohem wirt. u. soz. Krisenpotential 1788 u. späteren soz. Unruhe, die für revo. Stimmung hauptverantwortlich waren
-> Neuwahlen d. Generalstände
-> 3. Stand als reformfreundliche Mehrheit
- mit Hilfe des Klerus am 17. Juni 1789 zur "Assemblee nationale" erklärt!
=> 17. Juni verkörper eigentlichen Verfassungsrevolution, den Bruch mit dem bis dahin geltenden Regierungsprinzipien!
    -> keine Stände mehr
    -> Entmachtung Klerus u. Adel (nur noch im Rahmen des Mehrheitsprinzips)
    -> absolute Souveränität d. Nation, nicht mehr des Königs
(Erstürmung d. Bastille am 14. Juli, darauf kündigte König Nationalversammlung!)

Unterscheidung Absolutismus u. Konstitutionalismus
- Konst. bereits gegeben, wenn König auf Zustimmung d. Parlaments angewiesen ->
"gemeinschaftliche Ausübung d. Legislativgewalt"!
3 Faktoren als geschichtliches Novum - **Verfassungen mussten** ...
1. "herrschaftsbegründend", indem sie legitime Herrschaft erst hervorbrachten, früher setzten man
Herrschaft des Königs voraus (Verträge nur "herrschaftsmodifizierend")
2. Konstitutionen regelten Staatsgewalt in Entstehung u. Ausübung "umfassend", nicht wie frühere
Fundamentalgesetze nur "punktuell" auf umfassend gedachte Macht des Königs einwirkten
3. neue Verfassung galt "universal" für alle Herrschaftsunterworfenen, nicht mehr nur "partikular"
auf Vertragspartner Fürste u. Stände
- Frankreich 1789 nicht 1. Land zum Verfassungsstaat, England bereits 1689 in Glorious Revo.
- Piemont, Preußen u. Dänemark 1848 dauerhafte Konst. von zuvor abs. regierten Staaten
- Gelingen für Übergang entscheidend, ob Monarch Vermittlerfunktion dafür einnahm!
- Auffällig: Monarch boykottierte dies, wenn er zuvor absol. regiert hatte oder in neuer Verfassung
nun deutlich schlechter gestellt wurde!

3. Die allmähliche Parlamentarisierung der Staaten Europas - vom Beispiel Polens 1791 bis zu den Problemen d. Zwischenkriegszeit des 20. Jhds.
- in wie weit sollte parlamentarische Prinzip innerhalb einer Konstitution abgesichert werden muss?

Definition eines parlamentarischen Systems
1. Regierung rekrutiert sich aus Parlament
2. Minister unterliegen parl. (pol.) Verantwortlichkeit, mit welcher die Parlamentsmehrheit d.
Besetzung d. Regierung beeinflussen kann, sodass sich Staatsoberhaupt nach Mehrheit richten muss
3. für Amtsexistenz d. Regierung ist Vertrauen des Monarchen nicht notwendig

polnische Maiverfassung 1791
- 1. geschriebene Verfassung Europas
- Mischung aus alten u. modernen Verfassungselementen, vom Parl. verabschiedet u. in Tradition der
Stände im polnischen Ancien regime
- aufgrund russ. Militärintervention aber kaum zur Anwendung!
- aber außenpol. Bedrohung wurde zum Motor d. Reformanstrengungen
- Absatz 1: Regierung an Votum des Parlaments gebunden
- Absatz 2: König wird einer restriktiven Kontrolle unterworfen
=> einzige europ. Verfassung einer konst. Monarchie, die juristische u. parla. Verantwortlichkeit d.
Minister mit Hilfe eines Misstrauensvotums regelte

England
- seit 1835/41 Großbritannien als 1. europ. Land dauerhaft zum parlamentarischen System über
-> das dualistische Prinzip des monarch. Konst. wurde durch d. monistische des parl. Konst. abgelöst!
- Parlament bestimmte nunmehr allein die pol. Grundlinien d. Politik
- Monarch zwar Einfluss, aber keine unabdingbare, eigenständige pol. Entscheidungsmacht mehr
-> England vollzog grundlegenden pol. Systemwechsel, auch wenn König wg. unklarer
Mehrheitsverhältnisse im Parl. nach wie vor wichtige innen- u. außenpol. Rollte spielte

Norwegen
- einziges Land, in dem Parlamentarisierung aus einer im monarch. Konst. vorgesehen jur.
Ministeranklage u. damit aus verfassungsrechtlichem Verfahren entwuchs!
- Ursachen: keine Möglichkeit der Kammerauflösung u. vermehrter Wille zu nationaler
Unabhängigkeit (Norwegen u. Schweden in Personalunion miteinander verbunden)

Allgemeine Schlussfolgerungen
- gegen schwachen König (Norwegen) oder "Ersatz-Monachen" (Frankreich) konnte
Parlamentarisierung leichter durchsetzen
- mit machtvollem Monarchen (Dänemark, Preußen) musste nicht unbedingt Ende d. Reform,
manchmal aus Sinneswandel -> entscheidend hierbei ein machtvoller Liberalismus!
-keine generelle Regel, ob für Durchsetzung parl-demo Verfassungsstaates eine "Demo. ohne volle
Parl." (F, D, GR, Dä) oder eine "Parl. ohne volle Demo." (GB, I, Nor) vorteilhafter war
- Zusammengehen von Demokratisierung (i.S.v. allg. u. gleichem Männerwahlrecht) u.
Parlamentarismus erfolgte erst relativ spät (F 1879; N 1884; Rest in Zeit um 1. WK)
- Liberale forderten häufig Stärkung d. Parlaments, aber lange Zeit strikte Vertreter d.
Zensuswahlrechts
- entscheidend für Stabilität d. pol. Systems in Zwischenkriegszeit war nicht Orgastruktur d. Parteien,
sondern Anzahl d. Parteien -> Instabilität bei Vielparteiensystem!

4. Konstitutionalismus zw. "monarchischem Prinzip" u. Parlamentarismus. Die "Zabern-Affäre" vom Herbst 1913 u. d. Problem d. Reformierbarkeit d. Verfassung d. Deutschen Kaiserreichs

Zabern-Affäre
- innenpolitische Krise Ende 1913
- Anlass waren Proteste im elsässischen Zabern (frz. *Saverne*),
- nachdem ein preußischer Leutnant die elsässische Bevölkerung beleidigt hatte.
- Militär reagierte auf die Proteste mit rechtlich nicht gedeckten Willkürakten
- Reichstagsdebatte über Stellung der Reichsleitung im Verhältnis zu Kaiser Wilhelm II.
- führte auch zu ersten Missbilligungsvotum in der deutschen Geschichte gegen den Reichskanzler
und zu einem erheblichen Ansehenverlust des Kaisers

Grundprinzip u. -problem des Reichskonstitutionalismus
- in Reichsverfassung von 1871 juristische Ministerverantwortlichkeit im Sinne d. strafrechtlichen
Haftbarmachung d. Regierung für gravierende Gesetzesverstöße nicht vorgesehen!
- in Verfassungen von 1819/20 bzw. 1833/34 (Deutscher Bund), sowie 1848/49 (Revo.) war sie es!
-> scharfer Bruch mit Verfassungsdenken des Vormärz, die dies für unabdingbar erklärten.
- Bismarckverfassung 1913 stellte Alternativkonzept zum jur. u. parl. Verantwortungsprinzip:
    - "Verantwortlichkeit" d. Regierung gegenüber Reichstag
    - Druckmittel für Reichstag gegenüber Regierung: Petition, Interpellation u. öff. Kritik
    -> konstitutionelle checks u. balances

Schlüsse aus Affäre
- Verlauf u. Ausgang d. Affäre meist als Belege für grundsätzliche Reformunfähigkeit d. Kaiserreichs
- Affäre zeigt fortdauernde extra-konst. Stellung des Militärs, zeigt aber auch Grenzen dessen
- Reichstag u. Kanzler haben gewisse Selbstbegrenzung d. Armee durchgesetzt, System blieb aber ->
die Armee als Staat im Staat!
- Affäre als eindeutige Stärkung d. Militärgewalt als feindlichem Pendant zum Verfassungsstaat
- viel zu lascher Protest d. bürgerlichen Parteien gegen Anmaßungen d. Militärapparats u.
Machtlosigkeit d. Reichskanzlers

5. Parlamentarismus - Rätesystem - revolutionäre Parteidiktatur. Russland u. Deutschland am Ende des 1. Weltkriegs

Russland
- "Februarrev. 1917" mit Sturz d. Zarenmonarchie setzte folgenreichen u. tiefgreifenden revo. Prozess in Gang, der einen d. Grundkonflikte (Kommunisten vs. Kapitalisten) des 20 Jhd. bestimmen sollte
- auch als Detonator d. hauptsächlich von sozialistisch orientierten Arbeitern getragenen Anti-Kriegs- u. soz. Protestbewegungen in meisten kriegführenden u. neutralen Ländern
- zum Umsturz d. Verfassungsordnung führten diese aber nur in Verbindung mit militärischer Niederlage (Russ, D, Ö-U)
- in anderen Ländern dadurch eher Demokratisierungsschub z.B. GB (Ein- u. Ausweitung d. Wahlrechte) aber auch Stärkung u. Radikalisierung d. Arbeiterbewegung
- Radikalisierung in Russland erst mit Übergang in ihre bolschewistisch dominierte Phase ("Okt.revo") u. anschließenden mehrjährigem Bürgerkrieg (Rote gegen Weiße)
- endgültige Durchsetzung d. Prinzipien des Sowjet-Rats in erster Verfassung 1918 mit "Deklaration der Rechte des arbeitenden u. ausgebeuteten Volkes"
-> Abkehr vom Parlamentarismus u.a. durch Aufhebung d. Gewaltenteilung zw. Legislative u. Exekutive

<u>Verfassungsordnung</u>
- Konzentration d. Staatsgewalt auf allen Ebenen in Händen d. Arbeiter-, Soldaten- u. Bauernsowjets
- Wahlrecht u. pol. Rechte nur für erhebliche Minderheit d. Bevölkerung
- föderative Gliederung d. Staatswesens
- Nationalisierung des Bodens u. dessen Umverteilung
- "Arbeiterkontrolle" über Produktion
- Sozialisierung d. Produktionsmittel
- Banken zur Steuerung d. Kredits auch sowjetisiert
- allgemeine Arbeitspflicht
- Bildung der "Roten Armee" der Arbeiter u. Bauern

=> Verfassungstyp d. Sowjet- oder Rätedemokratie erhielt keine Chance, seine Tauglichkeit oder Untauglichkeit zu beweisen
=> sowjet.demo. Verfassung etablierte einen roten Schein-Konst., hinter dem die Diktatur der bolschwe. Partei bzw. ihre Führungsgruppe immer hermetischer ausgeformt wurde!!

Deutschland
- zur vollen <u>Parlamentarisierung der Monarchie</u> kam es erst Anfang Oktober 1918 durch gebildete Regierung Prinz Max von Baden
- pol. Systemwechsel vollzog sich im Schatten der Verhandlungen zum Waffenstillstand
- Wechsel kam zu spät, um Revolution zu stoppen!
-> Abdankung des Kaisers u. Ausrufung der Republik (2x): Scheidemann (SPD) u. Liebknecht (Spartakusaufstand USPD) sowie Übernahme d. militärischen Gewalt durch Soldatenräte
- Deutschland vorübergehend eine Räterepublik, die von einem in paritätischer Besetzung aus beiden sozialdemokratischen Parteien gebildeten "Rat der Volksbeauftragten" regiert wurde!
- Großer Wunsch der Arbeiter- u. Soldatenräte nach einer Nationalversammlung
<u>Ergebnis der Wahlen d. verfassungsgebenden Deutschen Nationalversammlung (16.2.1919)</u>
- tagte in *Weimar*
- Neuerungen: <u>Frauenwahlrecht u. Verhältniswahlsystem!</u>
- Ausarbeitung des Verfassungsentwurfs durch den Liberalen Staatsrechtler Hugo Preuß
  - deutlich stärkere unitarische Struktur
  - eigenen Grundrechtskatalog
  - Grundprinzip der Volkssouveränität

- aber auch: sozialstaatliche Grundsätze mit staatl. Recht zur Vergesellschaftung von Unternehmen u. Aufbau eines Systems d. Gemeinwirtschaft (Restelemente des Rätegedankens)!

6. Zwischen Parlamentarismus u. Volksdemokratie.
Die Entstehung der "Verfassung von Berlin"
- in Nachkriegsmonaten nur rudimentäre Verfassungsstrukturen
- angeordnete "Vorläufige Verfassung" mit 1. Berliner Nachkriegswahlen August 1946

3 Verfassungsentwürfe der Berliner Fraktionen CDU, SPD, SED
- alle 3 durch Grundrechtsartikel weit mehr als bloße Kommunalordnungen!
- alle auf Boden des parlamentarischen Systems, d.h. Regierungsbildung u. -tätigkeit erfolgten in Abhängigkeit von Parlamentsmehrheit
- Wahlrecht war allgemein, frei, geheim u. direkt
- Sturz einer amtierenden Regierung sollte an konstruktives Misstrauensvotum gebunden werden
- direktdemokratische Kontroll- u. Mitsprachemechanismen ebenfalls eingebaut
-> viele Übereinstimmungen
-> Entwürfe klafften bei ges.pol. u. wirt.pol. Festlegungen weit auseinander
=> Verfassungspolitische Hauptproblemfelder
a) staatsrechtliche Stellung Berlins
b) Regelung d. Beziehung zu den Besatzungsmächten
[a + b im Deutschland- bzw. Besatzungspol. Zusammenhang]
c) Problem d. Orga. d. Verfassungsgewalten (Gewaltenteilung oder Gewaltenkonzentration mit Frage der Errichtung Verfassungsgerichtshof)
d) Einbeziehung grundrechtlicher, wirtschafts- u. gesell.pol. Grundsätze u. Zielsetzungen
[rein Berlinspezifischer Zusammenhang]
- alle Fraktionen gemeinsam im Feb. 1947 die Gesetze für Fundamente einer gemeinwirt. Ordnung, innerhalb welcher d. öff. Wirtschaftssektor erheblich erweitert sowie strikte öff. Kontrolle d. verbleibenden Privatwirtschaft zu gewährleisten war!

=> Letztlich waren es nicht die Verfassungsinhalte, sonder die berlin- u. deutschland.pol. Interessen-standpunkte d. Besatzungsmächte u. Parteien, die Scheitern eines großen Verfassungskompromisses unter Einschluss d. SED verursachten u. damit d. sowjet. Ablehnung i. d. Alliierten Kommandantur vorprogrammierten!
=> sozial.demo. Entwurf setzte sich als Grundlage d. Verfassung 1948 durch.

=> Revision der Verfassung von 1948 u. rechtliche Integration des "Landes Berlin" in die BRD
-Westmächte wünschten große Nähe d. neuen Berliner Verfassung an das in Entstehung begriffene Grundgesetz der BRD
- lehnten aber eine vollständige Einbeziehung (West-)Berlins in den Geltungsbereich d. BRD ohne Zustimmung d. Sowjets strikt ab!
-> am 19. Mai 1949 bekannte sich d. Berliner StaVo ausdrücklich zum Grundgesetz, aber nicht direkt in Revision genommen
- Dilemma d. Berliner Verfassungsrevisoren:
    - alliierten Berlin-Vorbehalt d. berücksichtigen
    - möglichst enge Bindung an das Grundgesetz anzustreben
    - (der Sozialdemokratie) unerwünschte GG-Bestimmungen, die dem Geist d. Verfassung 1948 widersprachen, nicht automatisch in Verfassung einfließen zu lassen
-> nach einstimmiger Verabschiedung d. revidierten Verfassung am 4.8.1950 erfolgte Genehmigung d. Alliierten 3-Mächte-Kommandantur
=> "Verfassung von Berlin" trat am 1.10.1950 in Kraft

Kurseinheit 2: Grundrechte, Wahlrecht u. Föderalismus

1. Grundrechte
1.1 Menschenrechte als Universalrechte u. Bauplan d. bürgerlichen Gesellschaft (Frankreich 1789-1799)

Die Entstehung der Menschen- u. Bürgerrechtserklärung von 1789/91
- am 17. Juni 1789 rufen Abgeordnete des 3. Standes in den Generalständen die Nationalversammlung aus, erklärten Nation als "Gemeinschaft aller politisch bewusster Staatsbürger"
- Nationalversammlung daher Verkörperung d. Volkssouveränität als oberster Souveränität im Staat
- Durchbruch des Konzepts d. Nation "als Bezugsrahmen u. Denkform d. Gesamtzusammenhangs"
-> endgültiger Zusammenbruch des Absolutismus u. direkter Machtübernahme d. 3. Standes in Paris u. Provinzstädten mit Erstürmung der Bastille 14. Juli
- Menschen- u. Bürgerrechte gleich 2x veröffentlicht: Septemberverfassung 1791 als Statut d. Verfassungsstaates integrierte die Erklärung als Bauplan einer modernen, bürgerlichen Ges.ordnung
- Einführung d. gleichen u. allg. Wahlrechts (indirektes Männerwahlrecht über Wahlmännervers.)
-> Ende d. konst. Monarchie => neu gewähltes Parlament (Konvent) ab 1792

Die Grund- u. Menschenrechtsbestimmungen d. revolutionären Dekade 1791 - 1793 - 1795
- in allen 3 Verfassungen dienen Menschen- u. Bürgerrechte als zentrale u. herausgehobene Referenz
- Gleichheitsbegriff mit eigentumsrechtlichen u. sozialstaatlichen Implikationen meist umstritten
- Gleichheit vor dem Gesetz ausdrücklich nicht als soziales Egalisierungsgebot, sondern Basis war naturgegebene Existenz soz. Unterschiede u. damit bestehende Eigentumsstruktur
- Rechte an Grund u. Boden prinzipiell als Privateigentum anerkannt
- Prinzip d. freien, allein an Angebot u. Nachfrage orientierten Konkurrenzwirtschaft
- soz. Grundrechte od. sonstige Begrenzungen d. Wirtschafts- u. Ausbeutungsfreiheit nicht vorgesehen

Nachwirkungen
- fast alle Verfassungen d. 19. u. 20. Jhd. mit Rekurs auf Menschenrechte d. Franz. Revo.
- Klärung des Verhältnisses zur Menschenrechtsfrage als unabdingbare Voraussetzung für Präjudizierung d. Charakters u. Gestaltung d. Entwicklungspotentials jeder Verfassung
- europ. Nationalstaaten aber dabei sehr unterschiedliche Wege gegangen
-> keine gradlinige u. umfassende Rezeption d. modernen Menschenrechtsidee

1.2 Verfassungsstaatlichkeit ohne Grundrechtsnormierung (Deutschland 1867 u. 1871)
- Phänomen des Fehlens d. Grundrechtsbestimmungen in Verfassung d. Dt. Kaiserreichs (1871) u. des Vorläufers d. Verfassung d. Norddeutschen Bundes (1867)
- weder herausgehobener Grundrechtskatalog noch ausdrücklich als Grundrechte gekennzeichnete u. geschützte Einzelbestimmungen
- nicht repräsentativ für zeitgenössischen Verfassungsdiskurs 1867
- aber in 1848 -> erst sollte bundesstaatliche Einheit gesichert werden -> temporär, aber nicht grundsätzlich auf Grundrechte verzichtet
- grundrechtspol. Bruchstelle zwischen Nationalliberalismus u. (Links-)Liberalismus
- im Gegensatz zum westeurop.-atlant. Grundrechtsdenken im dt. Kaiserreich kein vorstaatliches Rechtsgut, sondern nur gesetzlich verankerte staatliche Gewährleistungen ohne permanente Bestandsgarantie
- Grundrechtsschutz wurde ab 1875 zur Aufgabe d. Verwaltungsrechts u. nicht wie gewünscht einer zur Überwachung u. Gewährleistung von Grundrechten befähigtem nationalem Gerichtshof
- zudem Zuständigkeit d. Einzelstaaten weitere Distanzierung von Universalität

-> Absicherung d. bürg. Lebenssphäre (Freiheit, Eigentum, Rechtsgleichheit u. -sicherheit) erfolgte nicht über Naturrecht, sondern über positive Recht
-> spezifische individualrechtliche Grundrechtssicherung prinzipiell nicht zum Aufgabenbereich d. Reichsverfassung u. Forderung nach einklagbaren Grundrechten zurückgewiesen!
- zudem kaum Teilhabe an öff. Meinungs- u. pol. Willensbildung
-> aber: ab 1890 deutliche Verbesserungen im Rechtsschutz z.B. der Arbeiterbewegung + das deutsche allgemeine Männerwahlreicht seit 1866/71 für ganz Europa richtungsweisend
=> teilweise grundrechtspol. /-theoretischer "Sonderweg" d. dt. Kaiserreichs: zwar faktisch nicht schlechter mit Grund- u. Freiheitsrechten als z.B. Österreich, aber keine Absicherung durch Gerichtshof!

1.3 Die Charta der Arbeit im fasch. Italien: Grundrechte vs. Korporativismus
- "Charta der Arbeit" aus dem Jahr 1927
- formell u. strukturell mehr als ein Partei- oder Regierungsprogramm, eher Verfassungstext
- Arbeitsverfassung, Betriebsverfassung, Wirtschaftsverfassung
- versuchte bereits entstehende neue Ordnung zu stabilisieren u. in Bewegung zu halten
-> Charta als eine Art "Teilverfassung", leider nur zögerliche Umsetzung d. Gesetze
-> dieses Grundrechte- u. Grundpflichtenkonzept aber eher eine Verkürzung d. Rechte auf bloße Sonderrechte d. faschistischen Gewerkschaften u. ihrer Mitglieder!
- Fortschritt bei Formulierung d. sozialen Grundrechte wiegen Rückschritte in Instrumentalisierung d. Grundrechte zur Inpflichtnahme d. wehrbereiten Bürgers u. rhetorische Scheinlegitimation eines in Tendenz totalitären Unrechtsregimes nicht auf
- zum Vergleich: US-Präsident Wilsons 14-Punkte Programm zu internationalen Grundrechten 1918
- auf nationaler Ebene hielten nach 1.WK wirt., soz., kult. Grundrechte Einzug in natio. Verfassungen
- zu individ. Rechten in Verfassungstexten auch Rechte zum Schutz soz. Gemeinschaften u. neue objektive Prinzipien d. Solidarität
- Grundrechtsversprechungen d. Charta d. Arbeit erst mit ital. Verfassung von 1947 erfüllt

2. Wahlrecht
2.1 Die schwierige Durchsetzung des allg. Wahlrechts in Europa seit 1792
- i.d.R. wird Einführung d. allg. Männerwahlrechts auf das Jahr 1848 datiert (zuerst in Frankreich, auch in SUI, Preu + 11 weitere dt. Staaten, Ö, Römische Rep., Dä, GR)
- Frauenwahlrecht in Europa ab 1906 (zuerst in Finnland)
- Debatte um ein gerechtes Wahlrecht wichtiges Auslöser für Franz. Revo.!
- erst Radikalisierung d. Revo. bis 1792 ermöglichte Ausweitung zum allg. Männerwahlrecht
- Wahlgesetz 1792 hatte Zweck, den Revolutionären die nötige Legitimität für ihr Vorgehen im Nachrhein zu verschaffen
- illegale Umbruchsituation als Grund der Vorsicht, nicht gleich zum vollständigen allg. Männerwahlrecht zu gehen, sondern eher bestehendes Zensuswahlrecht stark abzumildern
- alle Männer über 21 Jahre, die Steuern zahlten u. in Arbeitsverhältnis = 6 Mio. Wahlberechtigte
- Wahlbeeinflussung seitens d. Regierung gehörte ins typische Erscheinungsbild d. Konstitut.
- Prinzip d. geheimen Wahl in Europa erstmals in GB ab 1872
- Konst. u. Demokratisierung nicht nacheinander sondern parallel im 19. Jhd.
- Forderungen in Revo. nach mehr pol. Partizipation -> Parlament in monarch. Konst. tatsächlich eine Interessenvertretung des ganzen Volkes!
Zusammenfassung
- allg. Männerwahlrecht nur langsam u. innerhalb von 90 Jahren durch, in GB noch länger
- Demokratisierung vor Durchsetzung parl. System (D, F, Dä, GR)
- Durchsetzung parl. System vor Demokratisierung (GB, It, Nor)
- Zusammengehen von beidem zur heutigen parla. Demokratie erst relativ spät (meist um 1.WK)
- wichtiger Schub für Frauenwahlrecht mit öff. Aktionen u. Debatten um 1900 u. als Belohnung für Kriegseinsatz an Heimatfront oder als Mittel zum Regimewechsel

2.2 Das preußische 3-Klassen-Wahlrecht u. d. Wahlkultur im Kaiserreich

- von 1845/49 bis 1918 3-Klassen-Wahlrecht in Preußen u. im Rheinland
- für erwachsene Männer allgemein, aber höchst ungleiches Stimmgewicht je Klasse!
- diese bestimmten in einem offenen Wahlverfahren je ein oder zwei Wahlmänner, die dann Abgeordnete für Wahlkreise kürten
- offene Stimmabgabe u. indirekte Wahlverfahren begünstigte Wahlbeeinflussungen

3 Wahlrechtsmodelle im 19. Jhd.
1. Egalitäres der Demokraten (aus naturrechtlich u. individ. Gleichheit d. Menschen, Wahlen als Aufgabe soz. Integration d. Nation, forderte allg. Männerwahlrecht mit gleichem Stimmrecht als Grundlage für breite Mobilisierung u. Partizipation
2. Elitäres der Liberalen (Wahl als Auslese der Besten, die sich vor Wahl durch Besitz u. Bildung bereits zur parl. Mitwirkung befähigt hatten)
3. Korporatives der Konservativen (in Tradition d. ständi. Ges. u. organologischen Staatstheorie)
=> 3-Klassen-Wahlrecht als Mischform der 3 Modelle
- Wahlrecht war allgemein (jeder Mann ab 24 Jahre, der bürgerlichen Ehrenrecht nicht verloren hatte, keine Armemunterstützung bezog u. Wohnsitz hatte)
- Gliederung nach Besitzquantitäten, die an individ. Steuerleistung bemessen wurde
=> all. Männerwahlrecht in plutokratischer Gestalt mit kryptoständischem Gehalt
- 1. Klasse 3-5% (d. Stimmberechtigten), 2. Klasse 11-16%, 3. Klasse 80-86%
-> Wähler 1. Klasse 20-25x so großes Stimmrecht wie 3. Klasse!
- Große Wahlbeeinflussungen u. -manipulationen durch: Zusammenschluss 1. u. 2. Klasse, Einteilung d. Stimmbezirke, durchorga. Vorbereitung d. Abgeordnetenwahl
- Wahlterror dagegen von 3. Stand mit Geschäftsboykotten gegen Manipulation d. höheren Klassen

2.3 Die Widersprüche d. kost. Systems u. d. manipulative Sicherung d. Macht: Die "Hottentottenwahlen" von 1907

- dt. Kaiserreich war konst. Monarchie seit 1871 mit Verfassung ein dualistisches Zusammenspiel zw. vom Monarch ernannten Regierung u. gewähltem Parlament, da jede Regierung für Gesetze eine Mehrheit im Reichstag brauchte
- durch allg. u. gleiches Männerwahlrecht waren Wahlkämpfe wichtiges Element im Verfassungssystem
- in Preußen bei Blockaden im Parlament immer noch Möglichkeit Parlament zu übergehen, auf Dauer aber nicht gangbar
-> 2 neue Instrumente im Dt. Reich: Auflösung d. Reichstags u. Bildung eines Blocks regierungsnaher Parteien bereits im Wahlkampf!

3. Föderalismus
3.1 Reich und Bund.
Zur staatsrechtlichen Einordnung des Alten Reichs 1790-1806

- **Altes Reich** als "zusammengesetzter Staat", gekennzeichnet durch eine doppelte ineinander verzahnte Staatsgewalt in Form d. Reichs-Staatsgewalt u. d. Landes-Staatsgewalt
-> Staats- u. Regierungsform weder als reine Monarchie noch als reine Aristokratie, sondern wahlmonarchisch-vermischtes System
- Bestimmungen des Westfälischen Friedens 1648 die Reich als aktiven Machtfaktor in Europa ausschalteten, machten auch innere Struktur des Reichs
- Anwendung des juristischen Staatsbegriff (Einheitsstaat, Staatenbund, Bundesstaat) unmöglich das Alte Reich einzuordnen!
-> durch Loslösung (Preußen, Österreich) Austritte (Rheinland) u. Selbstaufwertungen zu Königreichen (Bayern, Württemberg, Baden) Altes Reich am 6.8.1806 faktisch aufgelöst
- auch Napoleon kein Interesse an alten Reichsstrukturen,

=> setzte in Form des **napol. Rheinbundes neues Ordnungssystem auf deutschem Boden** durch
- staatsrechtlich als Staatenbund einzuordnen (**1806-1813**)
- neben Preußen u. Österreich nun "3. Deutschland"
- verhinderte trotz lockerer Staatsstruktur völliges Auseinanderdriften d. deutschen Einzelstaaten nach Untergang des alten Reichsverbandes 1806
- zwar keine nennenswerten Impulse, aber für staatliche Neugestaltung wichtiges Fundament
=> Wiener Kongress **1815**: staatenbündische Neuordnung Deutschlands in Form des **Deutschen Bundes**, welches sich schließlich aufgrund d. internat. Interessenlage u. ungeklärten Ausbalancierung d. innerdeutschen Gegensätze zw. Ö, Preu u. d. Trias durchsetzte, war logische Fortsetzung d. Rheibnundära
-> damit waren nach 9 Jahren Abstinenz wieder die beiden dt. Großmächte Österreich u. Preußen in ein übergreifendes System staatlicher Ordnung in Deutschland integriert!

3.2 Der Kremsierer Verfassungsentwurf für die Habsburgermonarchie 1849
- Habsburgermonarchie wg. multinationalem Charakter ab Revo. 1848 Problem, d. Interessen d. vielen ethnisch-kulturellen Gruppen innerhalb d. Staates mit einer Verfassung zu verbinden
- Kaiser geflohen -> Ankündigung einer ausgearbeiteten Verfassung von einem aus allg. indirekt. Wahlen hervorgegangenen Parlament!
- Diskussion im Reichstag geprägt von nationalen u. ideologischen Gegensätzen (Slawen, Italiener, Rumänen, Deutsche, Tschechen, Polen, Böhmen, Mähren, Schlesien)
- Gruppen der Slawen, der Rechten, der Linken, des Zentrums; alle stritten um Inhalte d. Verf!
- umstrittenster Punkt des Grundrechtsentwurfs war Verankerung d. Prinzip d. Volkssouveränität, der aber gestrichen wurde
- angenommen wurde zentralistischer Entwurf als Grundlage für Verfassung
        - aufgrund historischer Kronländereinteilung mit zahlreichen föderalistischen Elementen
        - neben Reichstag u. Landtagen auch neu 3. Ebene der Kreistage
-> "föderativer Zentralismus" als Leitlinie, war mit vielen Schwächen behafteter Kompromiss, der aber von großer Mehrheit d. Abgeordneten getragen
=> aber Regierung Schwarzenberg setzte sich darüber hinweg, somit Chance vertan, die neu zu schaffenden Institutionen u. Staatsorga. auf breiten parl. Konsens zu stellen!
=> Kompromiss abgelehnt u. eigene Verfassung oktroiert!
- mit Oktroy wurde Sieg d. monarch. Souveränität über Souveränität des Volkes deutlich
- oktroyierte Verfassung ("Märzverfassung") - die nie umgesetzt wurde - war Kremsier Entwurf in technischer Hinsicht sogar überlegen u. von gleichen Prinzipien geprägt

Kurseinheit 3: Manipulative Verformungen des Verfassungsstaates, autoritäre u. diktatorische Varianten politischer Herrschaft

1. Verformungen des Verfassungsstaates
1.1 Bonapartismus im Vergleich
= Beschreibung der Probleme bei Etablierung von neuen pol. Systemen mit breiter Wahlrechtsbasis
- in Europa 19. u. 20. Jhd. frühe Erprobung direktdemokr. Mittel, die nicht zur pol. Mitbestimmung, sondern Volksabstimmung um Bestätigung einer Person u. ihres. pol. Programms
- erstmals bei Napoleons Staatsstreich 1799
- revo.-rep. Tradition u. Monarchisierung d. Herrschaft, Nap. hatte 15 Jahre nach Revo. noch wie selbstverständlich seine Machtbefugnisse
-> Konstitutionalismus generell als Idee d. Machteinschränkung pol. Herrschenden im Staat durch (geschriebene) Verfassung
- auch Napoleon durch Zustimmung d. Parlaments für Gesetze in Macht beschränkt
-> Napoleons Herrschaft lange Zeit konst. Monarchie!

- N. bekam breite Zustimmung in 3 Volksabstimmungen 1799, 1802, 1804, abgestimmt nicht über komplette Verfassungen, nur je über Erblichkeit der Kaiserwürde
-> der die Einheit der Nation verkörpernde Selbstherrscher wurde vom Volk bestätigt!
- im bonarpartistisch geprägten Konst. Frankreichs vermischte sich charismatische Herrschaft durch Erlass einer Verfassung mit rationalem Prinzip, gleichzeitig neue Dynastie des Führers, nahm also traditionelle Prinzip auf, vergewisserte sich der Macht mit Plebiszit (3 Formen legitimer Herrschaft nach Max Weber)
- Verfassungsgebung faktische Oktroyierung der Konst. durch Napoleon
-> rechtlichen Regeln ähnelten sich in meisten Ländern: obwohl sie über föderalistischen Staatsaufbau, alle Verfassungstexte schufen wieder monarchische Regierungsstrukturen (F, NL, It, Esp, Westfalen, PL) => Monarch mit seiner Regierung erdrückenden Vorrang im Balancesystem d. Konst.; Gesetzesinitiative alleine beim Monarchen unter Einbeziehung Staatesrates
- napol. Variante des Verfassungsstaat in allen europ. Ländern (nur Schweiz weiter repub.-föderal)
-> statt einer Verabschiedung der Verfassung durch verfassungsgebende Versammlung erfolgte meist eine monarchische Oktroyierung
- von Peripherie des Kontinents ausgehende Gegenbewegung: Schweden Ständestaat etc.

Zusammenfassung
- konst. Monarchie des 19. Jhd. u. insbesondere Bonapart. Mischung aus Legitimitätsprinzipien
- Herrschaft des Königs nicht gottgegeben, sondern nach Erfolg seiner Funktion in Staat u. Nation beurteilt
- mit Legitimitätsanspruch Demokratisierung um 1900 Monarch aus Dualismus (erst Monarch u. Stände, dann mit Parlament im Verfassungsstaat) heraus gedrängt: Funktionswandel, der ihn aber Macht beraubte
- konst. Königsherrschaft ermöglichte Übergang zum parl.-demo. Verfassungsstaat u. zu autoritären Regimen
- am Ende des Wandels monarch. Herrschaft in Europa stand der pol. entmachtete König, der Präsident u. der Diktator!

1.2 Trasformismo als Beispiel von Elitenabsprachen in Italien um 1900
- nachdem mit Wahlrechtserweiterung letztes großes Streitthema vom Tisch, ist alter Parteien-gegensatz auf überbrückbares Maß u. Möglichkeit zur großen Mehrheit d. systemerhaltenden Lib.
- Trasformismo = früheren Gegner war es freigestellt sich zu Anhängern d. Regierung zu wandeln
- zielgerichtete Überwindung d. Parteienantagonismus u. Komplex d. charakteristischen Erscheinungsformen pol. Willensbildungsprozesses in Italien
- Zusammenrücken von Destra u. Sinistra gegenüber nicht-lib. Kräften(Republikaner u. Radikale)

Folgen des Trasformismo
- forcierte Abwendung vom 2-Parteien-System auf nur noch 1
- Schulterschluss beeinträchtigte Willen zu demo. Reformen
- verstärkte Abschottungs- u. Repressionstendenzen gegenüber Arbeiterbewegung
- Ausgrenzung von sozialistischen Parteien, bürgerlich-demokratischen Radikalen, Republikanern, Katholiken
-> Aufstände von Bauern u. Arbeitern mit blutigen Zusammenstößen mit Militär
- Regierungsmehrheiten nun aus breiter Masse der Schulterschlussgruppe
-> Korruption u. Patronage florierten!
-> Regierung hatte es nun im Parlament statt Parteien mit Klientelen u. statt Programmen mit lokalen Interessen zu tun!
=> somit auch bis heute kaum eine gute Dialektik von Regierung u. Opposition etabliert!!
-> dies wäre Voraussetzung für vollständige Parlamentarisierung d. ital. Verfassungssystems gewesen

2. Gegenentwürfe zum Verfassungsstaat

2.1 Der franquistische Staat Spaniens als Verfassungstypus d. Autoritarismus
- seit 1875 Regime restaurierten Monarchie nach 1.WK in Krise, nach Putsch 1923 Militärdirektorium, Parlament ausgeschaltet
- nach Scheitern zweiter Republik 3 Jahre Bürgerkrieg -> Sieg Franco 1936, autoritäres Regime
- klare Distanz zur lib. Verfassungstradition
- "Charta d. Arbeit" als Legitimation für substantielle Neuordnung Arbeits- u. Sozialbeziehungen
- neuer Staat als "syndikalistische" Reaktion auf Kapitalismus u. Marxismus, als def. Überwindung aller Klassengegensätze!
- Hauptziel: Disziplinierung aller an Produktion beteiligter Kräfte
- Zwangssyndikalisierung von Arbeit u. Kapital als zeittypische Ideologie d. europ. Zwischenkriegs-epoche wg. WWK u. als Gegenentwurf zu Planwirtschaft u. Kapitalismus!
- spanischer Faschismus prägte Massenbewegung, Arbeitsbeziehungen, Propaganda
- dennoch: Franco eher autoritäres Regime, faschistische Partei nur eine Säule d. Machtarchitektur
- neue Staat weder Werk einer ideologisch einheitlich orientieren Massenpartei (NSDAP) noch einer organisierten Kaderpartei mit klarer pol. Perspektive (Sowjet)
- im Parteiprogramm unterschiedliche pol. Kräfte u. Interessengruppen innerhalb des "Neuen Staates"
-> charakteristisch für Typus autoritärer Herrschaft ist Möglichkeit Repräsentation unterschiedlicher soz. Interessen bei gleichzeitiger durch Staat oktroyierter Konfliktbegrenzung, die Autoritarismus oft lange Überlebensdauer gewährleistet!

2.2 Der "Ständestaat". Österreich 1934-38
- nach Regierungsverzicht Kaiser Karl wurde mit parla. Beschluss Republik am 11.9.1918 ausgerufen
- November 1920 bundesstaatliche Verfassung, die Parlament in Mittelpunkt stellte
- 1929 Verfassungsreform, die Stärkung des Präsidenten vollzog
- März 1933 führte Regierung unter Kanzler Dollfuß Putsch durch, die "Ständestaat" einführten!

- Beseitigung parl. Normen -> dann Schaffung von 4 Beratungskammern u. Bundesrat
- dazu installierte Länderkammer war föderalistisches Beiwerk ohne real.pol. Effizienz
-> Pseudointegration d. Länderinteressen in Ständeverfassung, sodass Repräsentanten d. Länderpol. Schachfiguren im pol. Alltag d. Bundesregierung waren
- Charakter Österreichs von 1934-38 als ein zutiefst autoritärer Staat, bei dem normsetzende Gewalt zum Großteil in Regierung aufgegangen u. größtenteils demokratiewidriger Charakter einer Regierungsdiktatur
-> 1938 völlig isoliertes Land, eingekeilt zw. Deutschland, Italien u. Tschechoslowakei
-> ab 1938 "Heim ins Reich", faktisch keine eigene Innenpolitik Österreichs mehr
- selbst ein militärischer Widerstand gegen Einverleibung unterblieb
- stattdessen installierte man eine auf Gleichschaltung ausgerichtete neue Bundesregierung, die aber eigentlich nur als "Konkursverwaltung" tätig war

2.3 Grundstrukturen faschistischer Herrschaft in Deutschland 1933-45 in vergleichender Perspektive
- Überblick Herrschaftsstruktur des Nat.soz. in D, da radikalste Form d. Ablehnung Verfassungsstaat
Machtergreifung u. Gleichschaltung (1933-34/35) in Deutschland
- 4 Stufen d. Machergreifung zum vollständigen pol. Systemwechsel
1. Machtergreifung u. Gleichschaltung von Parteien, Verbänden u. Ländern
a) "nationale Revolution " mit von Hindenburg eingesetzten Neuwahlen die ganz im Zeichen des NS-Terrors von SS u. SA standen
b) "Legalisierung d. Diktatur" mit Reichstagsbrandverordnung für Verfolgung politischer Gegner, Verbot u. Legalisierung des dauerhaften Terrors; "Ermächtigungsgesetz" als komplette Aushöhlung

Weimarer Verfassung bei gleichzeitigem permanentem Ausnahmezustand; "Gleichschaltung d. Länder" mit Entmachtung d. Länder, Entlassung aller pol. missliebigen Personen u. Einsetzung von Reichskommissaren

c) Gleichschaltung d. Parteien u. Verbände mit "Besiegelung d. Einparteienstaates", Zerschlagung von Gewerkschaften, Verbot von KPD u. SPD, "Selbstauflösung" aller anderen Parteien, Gleichschaltung d. Verbände in Wirtschaft, Gesellschaft u. Kultur

2. Machtbefestigung innerhalb d. NS-Bewegung mit Ausschaltung SA
- Konfliktpotential innerhalb d. Partei wie weiterer Weg d. Herrschaft aussehen sollte
- SA wollte weitere "soziale Revolution"
- mit "Röhm-Putsch" Ermordung d. Führerschaft SA u. weiterer pol. Gegner wie Reichskanzler Kurt v. Schleicher
-> mögliche Opposition innerhalb NSDAP ausgeschaltet

3. abschließende Institutionalisierung NS-Herrschaft mit Übernahme Reichspräsidentenamt + Vereidigung des Heeres auf Hitler

4. ideologische Gleichschaltung u. Nürnberger Gesetze

Vergleich Herrschaftsstrukturen der Diktaturen in D, Italien u. Sowjetunion

<u>Entstehungsbedingungen (gleich)</u>
- Faschismus in D u. It in einer extremen pol. u. wirt. Krisensituation entwickelt, mit grundlegenden sozial.psychologischen Folgen
- Doppelstrategie aus Gewalt auf Straße u. legaler Machtübertragung durch die alten Eliten an Macht

<u>Ideologie u. Weltbild (bedeutende Ähnlichkeiten)</u>
1. beide propagierten extremen Nationalismus u. Feindschaft gegen alles Fremde; Ziel d. Wiedergewinnung "nationaler Größe"; in D zudem extremer Antisemitismus
2. beide anti- -demokratisch, -parlamentarisch, -liberal
3. beide vehement antikommunistisch
4. Menschenbild u. Weltordnung auf Basis irrationaler Annahmen auf Ungleichheit ausgerichtet; Kult der Tat u. Gewalt; Massenmobilisierung über Hass (auch im Stalinismus)
5. beide Eroberung neuer Räume durch Krieg
6. revolutionäres Vokabular, dass sozialistischer Arbeiterbewegung u. Aufbau des Sozialismus in Sowjetunion entlehnt war (quasireligiöse Elemente auch bei Stalin)

<u>Herrschaftstechniken</u>
- deutliche Ähnlichkeiten zwischen D u. Sowjet:
    - mächtige terroristische Geheimpolizei
    - Monopol der Massenmedien
    - Monopol über öffentliche Gewalt (Polizei, Armee)
    - zunehmender Dirigismus für Wirtschaft, Ausschaltung Arbeiterbewegung
    - Vernichtungswillen gegenüber den zu Feinden deklarierten Mitmenschen

<u>Herrschaftsstruktur</u>
1. typisch It u. D: Erscheinung als Massenbewegung, als Massenpartei organisiert; Sowjet anfangs keine Massenbewegung, eher revolutionäre Avantgarde mit Führung über Massen
2. alle drei: charismatischer Führer
3. Unterscheidung bei Verbindung zw. Staat u. Partei, obwohl überall "Doppelstaat" aus Par. u. St.:
D - monokratische Spitze umgeben von polykratischer Machtstruktur
It - mit faschistischer Organisation in Konkurrenz zur katholischen Kirche, deren Einfluss auf Politik in Lateran-Verträgen 1929 abgesichert war, zudem noch Weiterbestehen des Königtums
Sowjet - Zentralisierung d. Stalin-Diktatur u. Personenkult erst im Krieg; kollegiale Selbstverständnis der KP blieb erhalten
4. Durchdringung der Gesellschaft mit einheitlichen Massenorganisationen (v.a. in D, mittel in Sowjet, schwach in It)

<u>Zusammenfassung</u>

- insgesamt ähnelten sich pol. Herrschaftssysteme D u. It aufgrund ihrer Verwandtschaft in Ideologie
u. mit stark Führerbezogener Herrschaftsstruktur -> beides Faschismus
- offensichtliche Ähnlichkeiten zw. Stalinismus u. Nationalsozialismus
- alle 3 gemeinsam ist radikale Ablehnung des Verfassungsstaates

2.4 Der Versuch einer staatsrechtlichen Legitimation des Führerstaates
- Carl Schmitt führender Jurist der NS-Zeit, bereits in Weimar einflussreichster Staatsrechtslehrer
- aus Führerprinzip ergebende Legitimation der Morde, grundsätzliche Begründung des Vorrangs des
Führerprinzips im Rahmen der neuen Ordnung
- durch Gleichsetzung des Rechts mit positiven (kodifizierten) Normen habe sich Staat seinen inneren
Feinden ausgeliefert
-erst mit Vereinigung Ämter Reichskanzler u. Präsident nach 1.8.1934 konnte Hitler Stellung des
Führers für sich beanspruchen
- Hitler im Kabinett Gesetz verabschieden lassen, die Morde gegen SA u. pol. Feinde nachträglich
legalisieren sollte
=> dies weist darauf hin, dass Hitlers Position faktisch nicht der Stilisierung Schmitts entsprach!
-> Wenn die Aufgabe des Staates, d.h. im Führerstaat des Führers, darin besteht, den Feind zu
definieren u. dabei "Umfang u. Inhalt seines Vorgehens selbst zu bestimmen" - u. nichts anderes hat
Hitler in seiner Reichstagsrede für sich in Anspruch genommen - musste Schmitt auch die Morde
außerhalb d. SA-Spitze als legitim u. rechts anerkennen. Ob Schleicher u. die anderen im jur. Sinne
unschuldig waren, spielt nach der Schmittschen Argumentationsführung keine Rolle!
=> Schmitts Blindheit für die Möglichkeit des Machtmissbrauchs des Führers!